LA
PRISE DE MONTEREAU

En 1420

PAR

PAUL QUESVERS

MEMBRE DE LA SOCIÉTÉ HISTORIQUE ET ARCHÉOLOGIQUE DU GATINAIS

FONTAINEBLEAU

MAURICE BOURGES, IMPRIMEUR BREVETÉ
Rue de l'Arbre-Sec, 32

1896

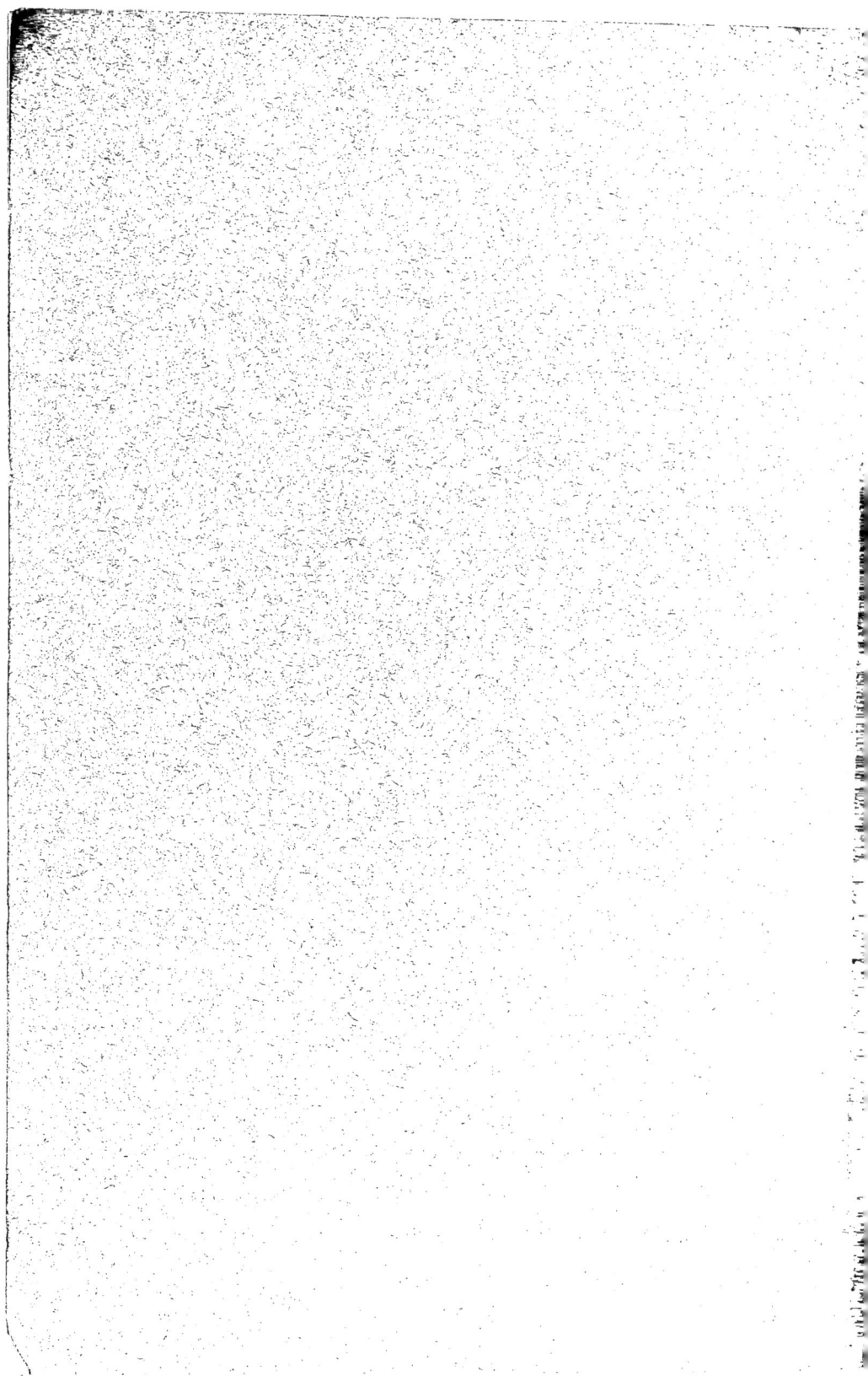

LA PRISE DE MONTEREAU

EN 1420

Extrait des *Annales de la Société historique et archéologique du Gâtinais (1895)*.

Tiré à 100 exemplaires.

LA

PRISE DE MONTEREAU

EN 1420

PAR

PAUL QUESVERS

MEMBRE DE LA SOCIÉTÉ HISTORIQUE ET ARCHÉOLOGIQUE DU GATINAIS

FONTAINEBLEAU

MAURICE BOURGES, IMPRIMEUR BREVETÉ

Rue de l'Arbre-Sec, 32

1896

LA PRISE DE MONTEREAU

EN 1420

———

E 16 juin 1420, le roi d'Angleterre, après avoir pris la ville de Sens qui avait tenu du 8 au 11 juin, fit mettre le siège devant Montereau. La ville, défendue par cinq cents hommes d'armes commandés par Guillaume de Chaumont, seigneur de Guitry, résista vaillamment malgré les « gros engins » amenés par l'ennemi « pour des-» rompre les portes et murailles »[1]. Au bout de quelques jours, Henri V et le duc de Bourgogne, Philippe le Bon, traînant à leur suite le malheureux Charles VI, vinrent en personne pousser les opérations du siège et se logèrent « droit sur les fossez » de la ville »[2], mais Guitry et ses compagnons « commencèrent très fort à eux défendre contre les-» dits assiégeants, et en tuèrent et navrèrent au-» cuns »[3], et entre autres, « messire Butor de Croy,

---

1. Monstrelet, liv. I, chap. ccxxxv.
2. Pierre de Fenin (Collection Michaud et Poujoulat), t. II.
3. Monstrelet.

» frère bastard au seigneur de Croy, qui estoit vail-
» lant chevalier et fut féru d'un vireton parmi le
» col »[1].

Malgré cette vigoureuse défense et le courage des
assiégés, la ville ne pouvait résister à une aussi forte
armée. Aussi, « le jour de Saint Jean Baptiste, au-
» cuns Anglois et Bourguignons, sans commande-
» ment de prince, s'émeurent soudainement, et tous
» ensemble allèrent assaillir en plusieurs lieux ladite
» ville ; et tant continuèrent qu'ils entrèrent dedans
» en grand nombre, sans que lesdits assiégés fus-
» sent grandement empêchés »[2]..., « et tant firent
» qu'elle fut prise d'assaut, et y eut prins unze gen-
» tilshommes[3], et si en y eut de mors environ autant,
» sans ceux qui se noièrent à eux retraire dedens le
» chastel »[4].

La ville prise, « le roi d'Angleterre et sa puis-
» sance, avec lui le duc de Bourgogne, se délogè-
» rent dont ils estoient ; et, par un pont qui nouvel-
» lement étoit fait sur la Seine[5], allèrent loger entre

---

1. Fenin. — Le corps du bâtard de Croy fut apporté à l'église Notre-Dame de Montereau et inhumé dans la fosse où reposaient, depuis le 11 septembre 1419, les restes de Jean sans Peur.

2. Monstrelet.

3. « Et si en eut de pris seize ou vingt, dont il avoit la plus grand' partie de gentilshommes », dit Monstrelet.

4. Pierre de Fenin.

5. Il ne s'agit pas du pont d'Yonne qui avait été élargi sous Charles V, de ce « pont agencé de neuf », cité par Loys Gollut et Dom Morin, mais d'un pont que les assiégeants, pour les besoins du siège, avaient, dit Lefèvre de St Remy, « faict faire nouvellement sur la rivière de Seine ». — Il est bon de faire remarquer aussi que les deux chroniqueurs font évidemment erreur en parlant d'un pont sur la Seine : il s'agit certainement d'un pont provisoire jeté sur l'Yonne, en face de la ville, pour leur permettre d'aller « loger... entre Seine et Yonne ».

» deux rivières, c'est à savoir Seine et Yonne : et
» derechief firent de tous côtés approcher de la forte-
» resse plusieurs gros engins pour icelle confondre
» et abattre. Et avec ce, le roi d'Angleterre envoya
» en bonne sûreté les dessus dits prisonniers qui
» avoient été pris à la ville parler sur les fossés du
» châtel à leur capitaine, afin qu'icelui le voulsit
» rendre au roi. Et eux là venus, s'agenouillèrent,
» en priant piteusement à leur capitaine qu'il fît la
» reddition dudit châtel, disant qu'en ce faisant leur
» sauveroit la vie ; et aussi qu'il pouvoit bien voir et
» savoir qu'il ne le pouvoit longuement tenir, attendu
» la grand'puissance qui étoit dedans devant lui.
» Auxquels fut répondu par le dit capitaine qu'ils
» fissent du mieux qu'ils pourroient, et qu'il ne le
» rendroit pas. Et adonc, lesdits prisonniers, non
» ayant espérance de leurs vies, requirent les aucuns
» de parler à leurs femmes étant léans, les autres à
» leurs prochains et amis, lesquels on fit venir parler
» à eux ; et lors, en grands larmes et tristesses, pri-
» rent congé l'un à l'autre ; et après furent ramenés
» à l'ost. Auquel lieu le roi d'Angleterre fit dresser
» un gibet, où les dessus dits prisonniers furent
» tous pendus, voyant ceux du dit châtel. Et avec
» eux fit le dessus dit roi pendre son valet de pied,
» qui chacun jour étoit près de son frein quand il
» chevauchoit, et moult l'aimoit. Mais la cause de
» sa mort fut pour ce que le valet, par soudain
» débat, avoit tué un chevalier d'Angleterre : si en
» fut ainsi puni »[1].

1. Monstrelet.

La mort de ces braves gens fut inutile car Guitry
tint encore seulement « environ huit jours »[1], et
rendit le château, à condition que lui et ses gens
« s'en croient saufs leurs corps et leurs biens »[2];
aussi fut-il fort blâmé, tant de son parti comme
d'autres, « pour tant qu'il avoit laissé, ainsi que dit
» est dessus, mourir ses gens pour tenir si peu lui
» tenir après[3] ».

La ville et le château pris, le roi d'Angleterre
exigea que les habitants de Montereau prêtassent
serment de fidélité à lui, au roi de France et au duc
de Bourgogne. On trouvera plus loin cette « lettre
» de serement » qui existe encore aux Archives na-
tionales[4] et qui serait beaucoup plus intéressante encore, si elle nous donnait toutes les professions des
habitants d'alors, presque tous inconnus et qui
n'ont laissé aucune trace dans la ville.

Lettre du serement de la paix des habitants
de Montereau.

A tous ceulx qui ces présentes lettres verront, Gilles Le
Maire[5], garde de par le Roy nostre sire du seel de la chastel-

---

1. « Six jours après », dit Pierre de Fenin.
2 et 3. Monstrelet.
4. J. 616², no 16. Ce document m'a été communiqué par mon confrère
et ami Henri Stein.
5. La famille Le Maire paraît avoir été assez nombreuse à Montereau.
Outre Gilles Le Maire, garde du seel, on trouvera plus loin un autre

lenie de Monstereau ou foule d'Yonne, salut. Savoir faisons
que, par devant Jehan Tartarin[1], tabellion juré et establi de
par le Roy nostre dict seigneur en la dicte chastellenie, auquel
nous adjoustons pleinne foy, vint et fut présent en sa personne
honorable homme et sage Maistre Jehan Milet, secrétaire du
Roy nostre dit seigneur, lequel afferma en sa conscience et
vérité que monseigneur Morelet de Montmour, chevalier, Pierre
de Thienges[2], Taupin de Venderez[3], Jehan de Guinebaust,
Jehan de la Noë, escuiers, Martin, varlet dudit Jehan de la
Noë, Jehan Perruce, Lambert du Box, Jehan Le Courageux,
Laurens Le Porq, messire Macé, curé dudit Monstereau[4], mes-
sire Guillaume Pelé, prebstre[5], Jehan Gossin, Gauchier Poguin,
Jehan Billon, Giles Le Maire, Giles Froide, Henry Pinagot,
Guillaume Le Marchant, Jehan Giraust[6], Jehan Le Normant[7],
Pierre Ribault, Jehan Tartarin, Lorin Coradin, Colin Le Ferron,

---

Gilles Le Maire, Thévenin Le Maire et Messire Jehan Le Maire qui,
vers 1455, était chantre de l'église collégiale Notre-Dame de Montereau. —
Cf. *Un procès au xvᵉ siècle entre l'archevêque de Sens et le doyen de Montereau*, pp. 10 et 20 (dans les *Annales du Gâtinais*, t. VII, p. 137).

1. Il était encore notaire en 1428 (*Archives de l'Yonne*, G. 188).

2. Pierre de Thianges était probablement le fils d'Érard de Thianges,
seigneur de Marolles, près de Montereau, et de Jeanne Le Bouteiller de
Senlis, et le père de Jacques de Thianges qui, en 1448, vendit cette sei-
gneurie à Guillaume Juvénal des Ursins, chancelier de France (Le P.
Anselme, VI, pp. 257 et 402).

3. En 1455, on trouve à Montereau Antoine de Vanderes, écuyer, et
Thomas de Vanderes, lieutenant du bailli de Meaux à Montereau (*Procès,
etc.*, pp. 13 et 20).

4. Famille de Montereau qu'on retrouve encore plus tard dans la personne de Jacques Macé, tabellion (*Procès*, pp. 11 et 20, et *Archives muni-
cipales de Montereau*, GG. 33).

5. En 1455, un Guillaume Pelé (est-ce le même?) était chapelain de la
chapelle Sᵗᵉ Madeleine en l'église de Montereau (*Procès*, p. 10); la « lettre
» de serement » donne aussi plus loin Guillaume Pelé et Perrin Pelé,
pelletier.

6. Une famille Girault existe encore à Montereau.

7. En 1455, on trouve Étienne Le Normant, chanoine de la collégiale
(*Procès*, pp. 10 et 20).

Thévenin Focambarge, Estienne Girardot, Andry Loré, Jehan
Le Grant, Thomas Cormier[1], Jehan Colebris, Perrin Montigny,
Colin Le Clergat, Jehan Gilart, Guillaume Périgaust, Thévenin
Le Maistrat, Jehan Merlin, Adenet Bolart, Jehan Folebarbe,
Jehan Nynot, Thibault Bolart, Jehan Percou, Jehan Gardebois,
Jehan Du Bois, Thévenin Le Maire, Perrin Le Coureux,
Perrin de Nesle[2], Jehannin Laurent, Michault Corbillon, Gilot
Goe[3], Perrin Tonneau, Guillaume Bonhomme dit Jehanninot,
Guillaume Bonhomme dit Carret, Jehan de Laitre, Jehan
Taisson, Pierre Romain l'ainsné, Jehan Le Beau dit Corieux,
Perrin Trignac, Richart Nyton, Huguenin Laurent, Girard
Le Piteufat, Jehan Coste, Guillaume de Calleville, Colin Scon,
Jehan Cossere dit Castille, Jehan Rohon, Guillaume Pelé,
Perrin Pelé, peletier, Pierre Gueriller, Symon Cassedave,
Jehan Mariavale, Jehan Nyco, Jehan Bouffoing, Pierre Thomas,
Robin Le Camus, Jehan Petit, charretier, Jehan Thibault dit
Bonneau, Henry François, Regnier Charreton, Guillaume
Gelier, Guillaume de Brébant, Jehan Pinas, Jaquin de Rixe,
Jaquin Malhoste, Jaquin Liecault, Perrin Nuyton, Robin
Bertault, Guillaume Béchee, Jehan Bernart, Gilet Réal, Colin
Du Parc, Bardin de Mormaisons, Jehan Trélout, Jehan
Chavigny, Jehan Le Bordelat dit Barbotin, Perrin Le Lorrain[4],
Perrenet Garnier, Thomas Garnier, Thévenin Casée, Gilet
Housé[5], Jehan Doron, Denisot de Saint-Martin, Jehan de
Rampillon, Jehan Le Picart dit Maistre, Perrin Fouquemberge,
Jorre Milet[6], Jehannin Naudin, Thévenin de Homme, messire

---

1. Il était boucher (*Procès*, p. 20).

2. Pierre de Nesle, chanoine de Montereau, doyen rural en 1435, et
curé de St Germain-Laval en 1454 (*Archives de l'Yonne*, G. 375 et 1523).

3. Il était sergent royal (*Procès*, p. 11).

4. Dès 1441, Jehan Le Lorrain, fils sans doute de Perrin Le Lorrain,
était garde du scel de la châtellenie de Montereau : il l'était encore
vers 1461 et son fils Pierre Le Lorrain qui lui succéda vers 1483, l'était
encore en 1521 (*Archives de l'auteur*).

5. On connaît Guillaume Housé, chanoine en 1455 (*Procès*, pp. 10 et 20).

6. Famille qui existe encore à Montereau.

Jehan Guillot, prieur de Saint-George de Marrolles[1], messire
Jehan Cornu, Colin Tartarin, Guillaume Blondelet, Thomas
Chalumeau, messire Jehan Le Maire[2], Loys Cherlin et Jehan
Cherlin, ménesterelz, Perrin Dartois, Seurin Le Roy, Perrin
Leguault, Jehan Bellemonstre, Jehannin Thérode, Hamelin
Le Gros, Gieffroy Bocher, Jehan Lalement, Guillemin
Maugier, Jehannin Syméon, Denisot Le Mulot, Jehan Vincent[3],
Colin Nyco, messire Jacques Blasy, Simon Judas, Anchau
Le Musart, Perrin Le Briois, pionnier, Guillemin Oisel, Didier
Maurieu, Adam Robin, Jehan Pere, Didier du Broc, maistre
charpentier, Jehannin Jaquin, maçon, Andry Morin et Jehan
Cissu, artillers, Tevenin Greberon, maçon, Guillemin Fonte-
neau, ceeur *(sic)*, Symon Michel, pionnier, Jehan de Bargues,
charpentier, Odin Herbi, Jehannin Guereau, Jehan Le Brun,
serrurier, Jehan Du Puy, cannonnier, frère Jehan Jolet, corde-
lier, et Robin Guillefault, avoient et ont fait les seremens qui
s'ensuivent envers le Roy nostre souverain seigneur le Roy
d'Angleterre et monseigneur le duc de Bourgoigne, en la pré-
sence de messires de Clarance, de Bedford, d'Exestre, de
messire Guillebin de Lannoy, de messire Daniel de Brimeu,
le jour de la date de ces présentes. Et premièrement s'ensuit
le serement fait par les dessus nommez envers le Roy nostre
souverain seigneur :

---

1. Jehan Guyot était aussi doyen du Chapitre de Montereau depuis 1411;
c'est lui qui, le lendemain de la mort de Jean sans Peur, enterra son corps
dans l'église Notre-Dame (*Notice sur l'église Notre-Dame et St Loup de
Montereau*, p. 63). — Le lendemain de la prestation de serment des habitants de Montereau le 7 juillet 1420, Philippe le Bon, comme remerciment
à Jean Guyot, lui fit remettre « un tres bel et riche breviaire, à l'usaige
» de Paris qui estoit à feu mondit seigneur et qui fut perdu le jour de son
» trespas audict Monstereau » (*Revue universelle des arts*, vol. XXI,
p. 51). — C'est ce même Jean Guyot qui, de 1456 à 1460, soutint un procès
contre Louis de Melun, archevêque de Sens, procès dont j'ai, il y a
quelques années, raconté les détails dans les *Annales du Gâtinais*.

2. Cf. la note 1 de la p. 292.

3. En 1455, on trouve Gilles Vincent, marchand épicier et ancien mar-
guillier (*Procès*, pp. 11 et 20).

« Vous jurés sus les sains evvangiles de Dieu, par vostre
» part de Paradis et par la dampnacion de vostre âme, que de
» ce jour en avant vous serez et demourez bon, vray et loyal
» subget et obéissant du Roy, nostre souverain seigneur, et à
» lui et à ses commandemens obéirés comme il appartient, et
» jamais ne serés en lieu ne en place contre lui ne les siens,
» ou commis ne ne pouchacerés ne serés consentens de faire
» chose qui soit ou préjudice de lui ou de ses vrais obéissans,
» aincois lui garderez son honneur, son plaisir et sa paix, et
» se vous savez son mal ou dommaige en quelque manière
» que ce soit, vous l'eschevere z de tout vostre povoir et lui
» ferés savoir le plus tost que vous pourrés ».

Item s'ensuit le serement fait par les dessus nommez envers
le Roy d'Angleterre, héritier et régent de France :

« Premièrement, vous jurez et promectez que, à très hault
» et très puissant prince Henry, roy d'Angleterre, comme à
» gouverneur et régent du Royaume de France et de la
» chose publique d'icellui, et à ses mandemens et commande-
» mens vous entendrés et obéirés humblement, loyaument et
» diligemment, en toutes choses touchans et concernans le
» gouvernement et régime dudit royaume de France et de la
» dicte chose publicque, subjecte à très hault et très excellant
» prince et nostre souverain seigneur Charles, roy de France.
» Item que incontinant après le décès de nostre dit souverain
» seigneur Charles roy de France et continuelment vous serés
» loyaulx hommes liges et vrays subgez dudit très hault et très
» puissant prince Henry roy d'Angleterre et de ses hoirs per-
» pétuelment, et icellui comme nostre souverain seigneur et
» vray Roy de France, sanz opposicion, contradicion ou diffi-
» culté, aurez et recevrez, et à lui comme vray roy de France
» obéirez, et que jamais à nul autre comme à Roy ou Regent
» de France n'obéirés. sinom à nostre dict souverain seigneur
» Charles, roy de France, et audict très hault et très puissant
» prince Henry roy d'Angleterre et à ses hoirs. Item que vous

» ne serés en aide, conseil ou consentement que ledit très
» hault et très puissant prince Henry roy d'Angleterre perde
» la vie ou membre, ou soit pris de mauvaise prise, ou qu'il
» seuffre dommage ou diminucion en ses personnes, estat,
» honneur ou choses quelxconques, mais se vous savez ou
» congnoissez aucune telle chose estre contre lui pensée ou
» machinée, vous l'empescherez en tant que vous pourrés,
» et par vous mesmes, par messagier ou lectres, lui ferez
» assavoir le plus tost que faire le pourrés. Et généralment
» vous jurez que sanz dol, fraude ou maleugne vous garderez
» et observerez, et ferez garder et observer toutes les choses,
» poins et articles contenuz ès lectres et appointemens de la
» dicte paix final faicte, accordée et jurée entre nostre dit sou-
» verain seigneur Charles Roy de France, et le dit très hault
» et très puissant prince Henry Roy d'Angleterre, sanz
» jamais en jugement ne hors, directement ou indirectement,
» publiquement ou secrètement, par quelque couleur ou voye
» que ce soit ou puist estre venu faire ou consentir estre fait
» au contraire des choses, articles, ou poins dessus diz ou
» aucun d'iceulx, mais en toutes manières et voyes possibles,
» tant de fait comme de droit, résisterés à tous ceulx qui ven-
» ront ou attempteront, ou s'efforceront de faire venir ou
» attempter à l'encontre des choses, articles ou poins dessus
» diz ou aucuns d'iceulx ».

Item s'ensuit le serement fait par les dessus nommez envers
mondit seigneur de Bourgoigne :

« Vous jurés sur les sains évangiles de Dieu, par vostre part
» de paradis et sur la dampnacion de vostre ame, que de ce
» jour en avant vous ne pouchacerés, ne serez consentans de
» faire chose qui soit ou préjudice de Monseigneur le Duc
» de Bourgoigne ne des siens, ne ne serés en lieu ne en place
» où mal, dommage, ou deshonneur soit pourchacié à lui ne
» aux siens, à ses pais alliez et bienvueillans en corps ne en
» biens, appertement ou occultement, pour occasion des divi-
» sions et débas qui ont esté en ce royaume ne autrement,

» ainsois ne vous le savez, l'empescherez de tout vostre
» povoir, et lui ferez savoir le plus brief que vous pourrez ».

Desquelles choses les diz habitans requirent ces lettres audit
juré pour leur valoir, et que raison donra qui les leur octroya
par ces présentes. En tesmoing de ce, Nous, garde dessus dit,
à la relacion d'icellui juré, avons scellé ces présentes lettres
du scel et contrescel de la dicte chastellenie. Donné et fait
audict Monstereau, le samedi sixiesme jour de juillet l'an mil
c c c c et vint.

TARTARIN.

[Original sur parchemin. Fragment de sceau en cire brune, scellé
sur double queue, de la châtellenie de Montereau.]

FONTAINEBLEAU. — E. Bourges, imp. breveté.

www.ingramcontent.com/pod-product-compliance
Lightning Source LLC
Chambersburg PA
CBHW061815040426

42447CB00011B/2654